Todo atado

Escrito por Claire Owen

Perú

Me llamo Rosa. Vivo en la ciudad de Lima, la capital de Perú. Las matemáticas son mi materia favorita en la escuela. ¿De qué forma harías cuentas sin papel ni lápiz? ¿Te imaginas de qué forma lo hacían en el pasado?

Contenido

El Imperio Inca   4

Los caminos incas   6

Corredores de relevos   8

Llevar la cuenta   10

Atar los nudos   12

Todos atados   14

Registro de un censo   16

El "ábaco" inca   18

El fin de un imperio   20

Números americanos   22

Respuestas modelo   24

Índice   24

Donde me veas, encontrarás actividades que reforzarán tu aprendizaje y preguntas para contestar.

El Imperio Inca

Los incas, pueblo habitante de América del Sur, gobernaron hace mucho tiempo el imperio más grande y rico del continente americano. En el siglo XIII, los incas comenzaron a construir ciudades y caminos en la región que hoy es Perú. Para 1438, el Imperio Inca abarcaba 2 500 millas a lo largo de la costa occidental de América del Sur. Había llegado a ser una civilización muy desarrollada.

imperio Grupo de países o regiones que está bajo el control de un gobierno o mandatario.

AMÉRICA
DEL SUR

EL IMPERIO INCA

Los constructores incas juntaban tanto las piedras que resulta imposible insertar entre ellas la delgada hoja de un cuchillo.

Los caminos incas

La capital inca era Cuzco. En quechua, el idioma de los incas, *Cuzco* significa "el ombligo del mundo". En la ciudad había muchas edificaciones y palacios, así como templos ricamente decorados con plata y oro. Cerca de 125 000 personas vivían en Cuzco y en sus alrededores. Dos caminos principales iban hacia el norte y hacia el sur y conectaban a todas las aldeas por medio de senderos más pequeños y puentes colgantes. El largo total de los caminos incas era de más de 14 000 millas.

Los incas viajaban sobre todo a pie. Las llamas se usaban para transportar cargas pesadas. Hoy, en Perú, muchos quechuas conservan el estilo de vida tradicional.

Quito

AMÉRICA
DEL SUR

Red caminos de inca

Escala 1 pulgada = 300 millas

Cuzco

Santiago

¿Más o menos a qué
distancia de Cuzco
se encuentra Quito?
¿A cuántas millas de
Quito está Santiago?
(Usa la escala del mapa
para calcular
las distancias).

Los incas usaban
cables de hierbas
entrelazadas para
construir puentes
que atravesaban
ríos y desfiladeros.

7

Corredores de relevos

Para gobernar su vasto imperio, los incas requerían un buen sistema de comunicación. Establecieron estaciones de relevos, con aproximadamente $1\frac{1}{2}$ millas de distancia una de la otra, a lo largo de los caminos. En estas estaciones se apostaban corredores a la espera de llevar mensajes. Cuando un corredor se aproximaba a una estación, tocaba un caracol para advertirle al siguiente que se preparara. Con este sistema, en un solo día podían enviar un mensaje hasta una distancia de 150 millas.

comunicación   Intercambio o transmisión de información.

En la actualidad, un buen corredor puede recorrer $1\frac{1}{2}$ millas en 10 minutos. ¿En cuántas horas recorrería 150 millas un grupo de estos corredores?

La distancia de Cuzco a Quito es de unas 1200 millas. ¿Aproximadamente cuántos días se necesitarían para enviar un mensaje de Cuzco a Quito?

Llevar la cuenta

Los incas estaban muy organizados. Los funcionarios se encargaban de llevar registros, ordenar abastecimientos y cobrar impuestos a la población. Sin embargo, no habían desarrollado un idioma escrito, por lo que no podían escribir números. Usaban una cuerda con cordeles anudados, conocida como *quipu*, para registrar números. En quechua, la palabra *quipu* significa "nudo".

En este antiguo dibujo se muestra a un funcionario (derecha) que utiliza un *quipu* para presentar un informe a un noble (izquierda).

¿Sabías que...?

Algunos creen que los *quipus* también se emplearon para registrar canciones, poemas, información calendárica e incluso leyes.

A los funcionarios incas que elaboraban y leían los *quipus* se les llamaba *quipucamayocs*. Ahora, en Perú, los fabricantes modernos de *quipus* mantienen vivo dicho arte ancestral.

Atar los nudos

Cada cordel de un *quipu* mostraba un número. Por ejemplo, en el caso del 734, el fabricante del *quipu* ataba siete nudos sencillos juntos, en la parte superior del cordel. Estos nudos representaban las centenas. Más abajo amarraba tres nudos que correspondían a las decenas. Al final del cordel, amarraba un nudo largo con cuatro vueltas (como en el ejemplo B, que aparece en la parte inferior de la página) para mostrar las unidades.

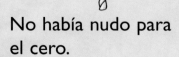

Para descifrar los nudos

Los nudos sencillos se usaban para representar las decenas, las centenas, etcétera.

A

Por ejemplo, para mostrar 3 decenas, se amarraban tres nudos sencillos en el

En el sitio de las unidades, los nudos largos representaban de 2 a 9 unidades.

B

El nudo largo de arriba tiene cuatro vueltas, de modo que muestra 4 unidades.

En el sitio de las unidades un nudo en forma de ocho representaba una sola unidad.

C

No había nudo para el cero.

El total de varios números se mostraba con un cordel extra del lado derecho. Éste se ensartaba pasando de un extremo a otro de los demás cordeles.

¿Cuál de los cordeles de la ilustración muestra el número 250? ¿Qué representan los otros cordeles? ¿Qué cordel muestra la suma de las otras tres cantidades?

Todos atados

Los cordeles de los *quipus* se hacían con algodón de color o lana de llama. Como eran ligeros, los mensajeros podían cargarlos con facilidad. Los colores de los cordeles, la manera en que se conectaban y los espacios entre ellos tenían significados especiales. Los *quipus* sólo podían ser elaborados e interpretados por expertos que recibían capacitación especial.

Con la caída del Imperio Inca, la mayoría de los *quipus* fueron destruidos. Actualmente se conservan unos cientos de *quipus* incas en museos de todo el mundo.

Resuélvelo

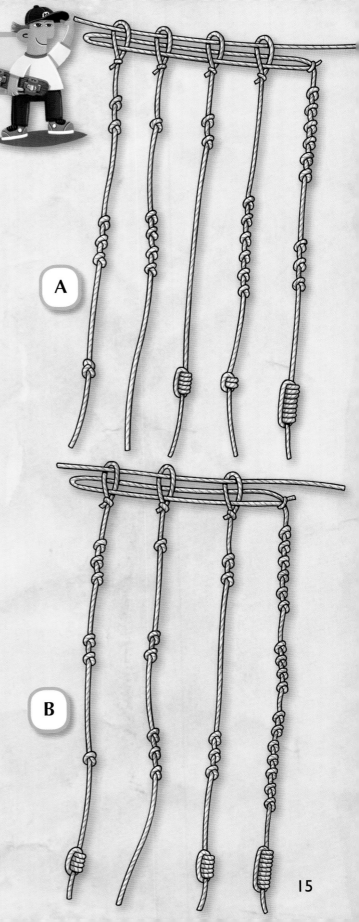

1. Contesta estas preguntas con el *quipu* A. Después respóndelas de nuevo con el *quipu* B.

   a. ¿Cuántos números se muestran en el *quipu*?

   b. ¿Cuántos lugares se muestran en los cordeles del *quipu*?

   c. ¿Qué números muestra el *quipu*?

   d. ¿El cordel del "total", situado a la derecha, muestra el número correcto?

2. ¿Por qué los incas no necesitaban un nudo para representar el cero?

3. Elabora o dibuja cada uno de los siguientes *quipus*:

   a. Un *quipu* de tres cordeles que muestre las cantidades 316, 263 y 108.

   b. Un *quipu* de dos cordeles que muestre las cantidades 4112 y 3536.

   Ahora añade un cordel extra a cada *quipu* para mostrar el total.

Registro de un censo

Cuando los resultados de un censo poblacional se registraban en un *quipu*, el primer cordel de la izquierda mostraba el número de personas mayores de 60 años de edad. Los siguientes seis cordeles representaban a los habitantes de 51 a 60 años, de 41 a 50 años, y así sucesivamente. En el octavo cordel se mostraba el número de bebés menores de un año. A los hombres y a las mujeres se les contaba en *quipus* separados.

Imagina que en este *quipu* se muestran los resultados del censo de las mujeres de una aldea inca. ¿Cuántas de ellas tenían entre 31 y 40 años de edad? ¿Qué más muestra el *quipu*?

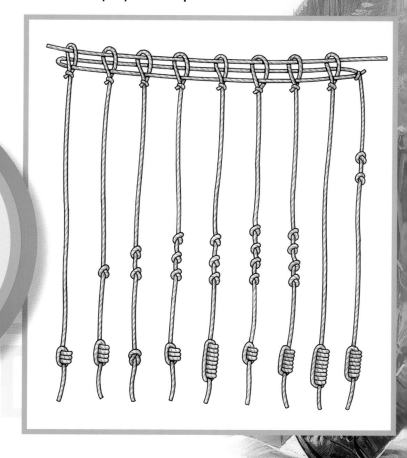

censo   Conteo oficial que se hace para averiguar cuántas personas viven en un país o en una región.

Elabora un quipu

Necesitarás ocho cuerdas o cordeles. Pregúntale a tu maestro o maestra cuántos niños y niñas de cada grado estudian en tu escuela.

1. Amarra uno de los cordeles a lo largo de un escritorio o del respaldo de una silla. Éste será el cordel principal.

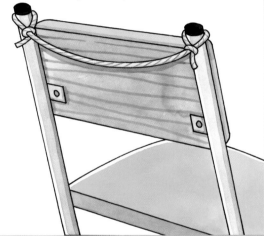

2. Ata nudos en un cordel para mostrar el número de niños que asisten a primer grado en tu colegio. Une este cordel a la cuerda principal.

(Si lo deseas, puedes usar nudos sencillos para las unidades).

3. Repite el paso 2 para el segundo grado, el tercer grado, etcétera.

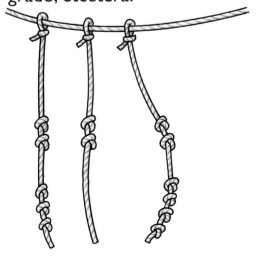

4. Ahora calcula el número total de niños que estudia en tu escuela. Añade un cordel extra para mostrar esa cantidad.

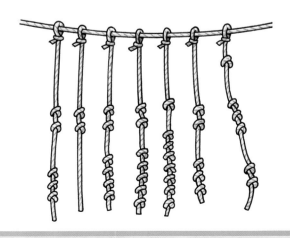

El "ábaco" inca

Los incas usaban el *quipu* como sistema de almacenamiento de datos. No obstante, cuando necesitaban hacer cálculos, empleaban un tablero contador llamado *yupana*. El *yupana* más sencillo era una cuadrícula dibujada en la tierra. Los números se representaban colocando granos de maíz en la cuadrícula. El valor de cada grano dependía tanto de la fila como de la columna de la cuadrícula donde se colocaba.

Esta ilustración es de una larga carta al rey de España, escrita en 1615. En la esquina inferior izquierda se observa un *yupana* con el número máximo de granos de maíz en cada cuadro.

cálculo   Operación matemática para averiguar un dato.

Tablero contador *yupana*

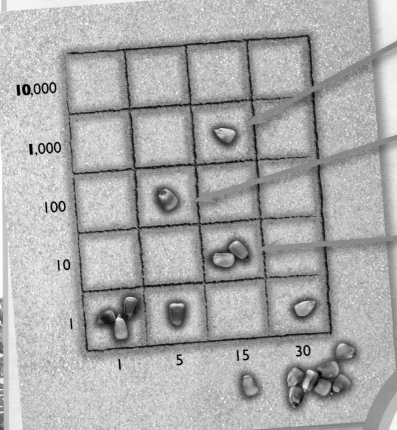

10,000

1,000

100

10

1

1   5   15   30

Este grano de maíz representa 15 000.

Este grano de maíz muestra 500.

Cada uno de estos granos representa 15 decenas o 150.

¿Cuál es el valor total de los granos de maíz ubicados en el *yupana* de arriba? Elige dos granos. Si los eliminas, ¿cuál es el nuevo número?

En varios museos hay *yupanas* de piedra procedentes de Perú, como éste. No se sabe con certeza cómo se usaban.

El fin de un imperio

En su apogeo, el Imperio Inca contaba con unos seis millones de habitantes. El imperio terminó en 1532, cuando los conquistadores españoles llegaron a América del Sur. Para 1561, tres cuartos de los indígenas habían muerto, casi todos consumidos por la viruela, el sarampión y la influenza. Estas enfermedades eran desconocidas en América antes del arribo de los europeos.

Los invasores europeos saquearon las ciudades incas y derritieron la mayor parte del oro que encontraron.

Iglesia de Santo Domingo

Los templos de los incas fueron destruidos. En algunas ciudades, los españoles construyeron iglesias sobre los muros de los antiguos templos.

conquistadores Soldados que conquistaron México y Perú en el siglo XVI.

¿Cuántos indígenas murieron en el periodo de 30 años comprendido entre 1532 y 1561? ¿Aproximadamente cuántas muertes sucedieron cada año? ¿Cada mes? ¿Cada día?

Hoy, las ruinas de un fuerte cercano a Cuzco (parte superior) y la "ciudad perdida" de Machu Picchu (arriba) ayudan a mantener viva la memoria del Imperio Inca.

Números americanos

En el continente americano los diversos pueblos indígenas hablaban idiomas diferentes y desarrollaron sus propios sistemas numéricos. Muchos de estos sistemas eran similares al de los incas: se basaban en el número 10. Sin embargo, en América Central y la lejana región del norte, los sistemas numéricos se basaban en el 20. En la costa oeste, algunos pueblos usaban sistemas basados en los números 2, 4, 8, 16, o alguna combinación de los mismos.

Los yuki del norte de California utilizaban los espacios entre sus dedos como ayuda para contar. Tenían nombres para los números, hasta el 16, y los combinaban para formar otras cantidades.

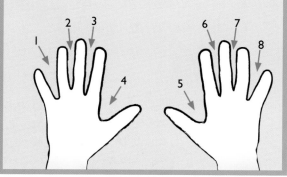

Los aztecas usaban cuatro símbolos gráficos para representar los números. Por ejemplo, para el 60 dibujaban el símbolo del 20 tres veces.

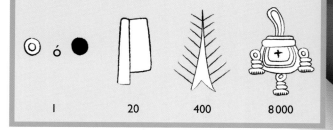

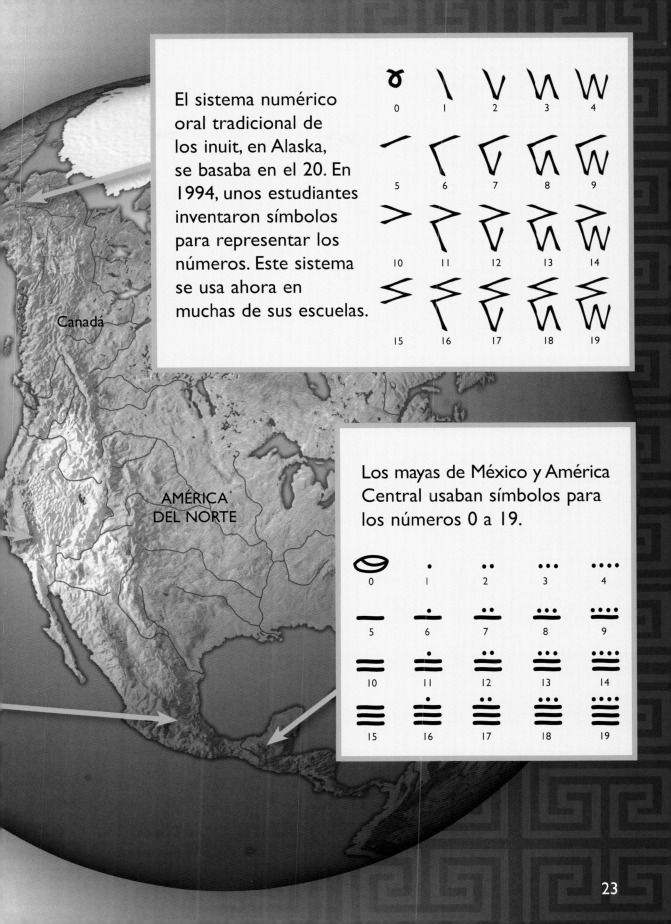

El sistema numérico oral tradicional de los inuit, en Alaska, se basaba en el 20. En 1994, unos estudiantes inventaron símbolos para representar los números. Este sistema se usa ahora en muchas de sus escuelas.

Canadá

AMÉRICA DEL NORTE

Los mayas de México y América Central usaban símbolos para los números 0 a 19.

Respuestas modelo

Recaba datos sobre un sistema numérico de alguna otra parte del mundo. Por ejemplo, podrías investigar los números usados por los babilonios, egipcios, chinos o romanos.

Página 7 Cerca de 1 200 millas; cerca de 2 500 millas.

Página 9 Alrededor de ocho días.

Alrededor de 17 horas (1 000 minutos).

Página 13 El segundo cordel de izquierda a derecha.

146; 42; 438.

El cordel de la derecha.

Página 15
1. *Quipu* A: a. 5   b. 3
    c. 231; 140; 205; 62, 638
    d. Sí

    Quipu B: a. 4   b. 4
    c. 3 214; 1 230; 2 035; 6 479
    d. Sí

2. El cero podría mostrarse con un espacio en el cordel.

3. a. 687   b. 7 648

Página 16 33

Página 19 15 838.

Página 21 4 500 000; cerca de 150 000; cerca de 12 500; cerca de 400.

Índice

caminos 4–8
conquistadores 20
llamas 6, 14
puentes 7
quipus 10–18
yupanas 18–19